南懷瑾文化

跟著南師打禪七

一九七二年打七報告

劉雨虹 編

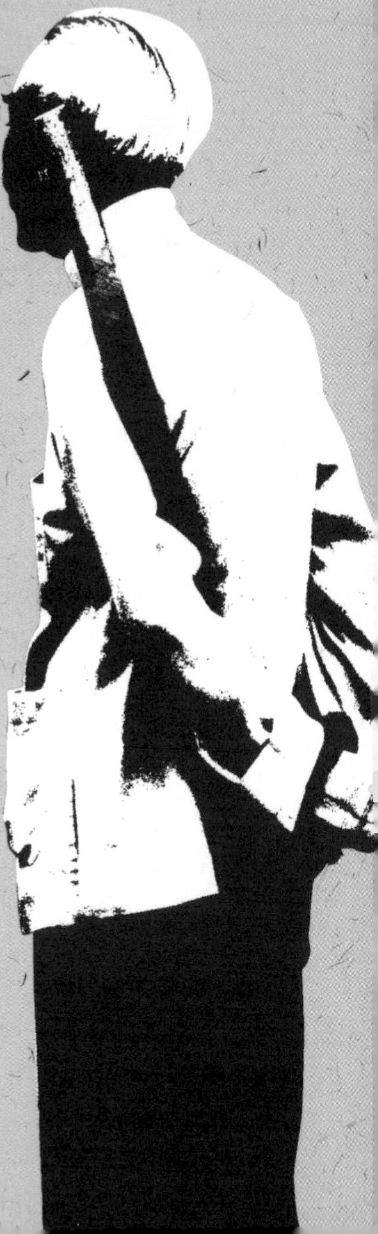

此次禪七的所在地——蓮雲禪苑四樓

出版說明

有一天，為了查尋資料，翻閱一九七二年的《人文世界》月刊時，看到有一期〈禪七專刊〉，不免再瀏覽了一番。

天下事有時真巧，正當此時，忽然聽到一個消息說，有一個名叫白中道的美國人，說自己曾從學過南懷瑾老師。於是，四十多年前的往事，又在腦海中活躍起來，因為那次的禪七，就有一個姓白（White）的美國人參加。

其實，這位中文名叫白中道的美國人，是在一九六八年參加過南師主持的禪七，那是在北投的靈泉寺，而此次在蓮雲禪苑參加禪七的美國人，中文名叫白慕堂，他們是不同的兩個人，隨學南師的時間也略有先後。

再說南師一九七二年主持的禪七，就在臺北蓮雲禪苑的四樓。參加的共有三十五人，其中除了這個中文很好的美國人白慕堂外，還有一個西藏來的德吉女士。

禪七結束後，就把大家所寫心得和感想，集合編輯了一個專刊，刊登在一九七二年二月期的《人文世界》。由於月刊時間所限，僅得十八篇心得報告；我的一篇，是後來所寫，曾收集在《懷師——我們的南老師》一書中，此次一併刊出。

以往的禪七記錄，多半是記錄南師說些什麼，或與學子的對話問答等。而這次的專刊中，只是參與者自己的心得和感受，其中自然也反映了禪師的教化和點撥。

記得多年後有一天，我曾問過南師，在臺灣主持禪七這麼多次（幾乎每年都打七），哪一次是比較成功的呢？

老師略沉吟一下說：「就是初到蓮雲禪苑那一次吧！效果比較好。」

南師如是說，但他只說效果比較好，不牽扯成功不成功的事。

向來在臺灣，打七，打禪七，或稱禪修的，都不少，也有打彌陀七的，屬於淨土宗的修法，只有禪師所主持的才算是禪七。

既然南師認為，此次禪七比較算是有些效果的，不如將心得報告印行成冊，也許可提供一些禪七的信息給讀者。如當作散文或普通文章來看，也許還另有一些趣味之處呢。

不過，這次的禪七報告，曾被收錄到《習禪散記》一書中，這本書普遍收集許多摘錄文章，既然南師說此次是有些效果的，似乎應該單獨印行，也許讀者才能從其中尋思到一些所謂效果的蛛絲馬跡。

感謝晏浩和彭敬，對這本書的出版幫忙很多。

劉雨虹記
二〇一六年夏

禪七專刊：編者的話

今冬寒假開始較早，不少對定慧之學有興趣的大專同學、教授及其他各方面的人士，協力組成七日禪修實習班，敦請東西精華協會負責人南懷瑾教授指導，自元旦日起，至七日止，假藉東西精華協會舉行七天。

此次參與盛會者，共有卅五人之多，有教授、學生、立法委員、漢人、藏人、美國人，自十八歲至八十歲，各色人等。

七日過後，各有心得，喜怒哀樂，妙趣橫生，故特徵得同意，編輯專號刊出，以饗讀者，并為能使讀者窺見各人本色計，文字未加修改，以示本來面目。

人文世界編輯室

一九七二年春

目錄

我的新生

美國華盛頓大學研究生　梅子

民國六十一年一月一日

早上急急忙忙半走半跑的趕到會場，幸好還差兩分鐘八點，不然第一天遲到，可真不好意思。八點正「禪七」開始，老師首先解釋一下「七支坐法」，另要我們試著參話頭「我是誰？」「誰是我？」這問題引起我內心一陣激動。

在我有了自我意識起，最初是自我中心，以為我周圍人因我的存在而存在，後來我發覺有我無我對別人毫無影響時，我開始否定自己，對什麼事都提不起興趣，走投無路時，只得走進教堂大門，把一切困惑、空虛、痛苦都交給天主。五年前在我準備結婚時，我家的人因種族不同而反對，男方家長因為是基督徒，反對我們在天主堂結婚，天主教神父則認為我們非在天主堂結婚不可。在此混亂情況下，我忽然體會到：什麼宗教、種族、階級……一切差異偏見都是人自己造成的。從此我對一切都不信任，我自己就是我的主，我自己能承受一切，我不需要假藉任何宗教或團體，甚至親戚朋友，以支持自己或打發日子，我每天過得很愉快，也很平靜。

一月二日

今天老師又加了幾個話頭讓我們去參：「生從何處來？死向何處去？」「未出生前我在何處？」「無夢無想時主人公何在？」聽了這些問題，我就明白南老師要我們去體會佛教的前生，後世及輪迴的理論。我已從一個宗教圈子內跳出來，怎麼可以又跳進到另一個宗教裏面？五年來好不容易把自己磨鍊獨立、堅強，豈可白費功夫？

今天行香時，逐漸了解其中的意義，原來身在行走，心仍可保持定的境界，真妙！但「行」與「止」中間有何關係？我還想不通。

一月三日

今天參禪時，感到時間過得快點，不像前兩天腿痛、肩瘦的，老盼望快聽到磬響，就可以站起來活動活動。

明儀法師這兩天免費看病，打灸針，一看之下每個人都有點毛病。法師試試我的脈搏和指尖，說我有喜了，並說如這孩子好好保養，我將來必後福無窮。雖然我是半信半疑，但我仍在想，如這孩子真是有，我一定從小不給他有「你、我」的觀念，不存有任何的偏見，還希望他長大能從事禪及佛學的研究。但我又想到，為何要把期望放在別人身上？自己為什麼不去努力達到這目標呢？

中午有兩小時的休息，我因為晚上回家睡覺，因此沒有床位，就留在大廳裏看書，法師走過來，在黑板寫「下樓」，叫我到樓下去。當時我在左想右想也想不通，出家人應保持無我境地，既然是無我了，還管什麼男或女呢？可能我這是「見山不是山，見水不是水」的境界，但怎樣才回轉為「見山還是山，見水還是水」呢？同時我想到：無我並非隨便，這時我似乎參到一點老師說的「無我之中更有誰」。

一月四日

中午有人在佛堂跪著，我覺得很不順眼，老師說過「我即是佛」，為何不使自己開悟成佛，反向一個佛像下跪，真是迷信。無意中聽到有人說「……久而不聞其臭」，我恍然大悟，我是太執著以往所聽所見的，原來靠理智和知識是不能解決這最深刻的問題。

下午再參一參每一個話頭，好像都由黑暗中見到點光亮，不知何時，淚水流至雙頰，為什麼？我也不知道。

一月五日

今天內心充滿矛盾，一方面感到高興的是，老師講的公案和詩詞，我都能體會出其中的道理。另一方面又不願使自己進入更深的境界，平時已對我所擁有的一切很滿足，心境亦很平靜了，我還要求什麼呢？我只想做個平凡的人，不想什麼大徹大悟，更不想什麼成佛，自己何必自找麻煩呢？

奇怪的是，今天打坐非常舒服，背自然而然挺直，全身氣很流暢，可以體會到「融融如春澤」的滋味。

一月六日

今天老師提起「有佛處莫留戀，無佛處急走過」，「有」是相，「空」亦是相，均不是，需要再修，應做到「用之則有，不用則無」。前幾天我一直以為應保持空的境界，原來是錯了。這時我在想「有與空以外的境界是怎麼樣？」不知覺地體會到：

「在一粒沙子中看世界，在一朵野花中看天空；在你手掌中緊握著無限，而在剎那間抓住了永恆。」

晚上老師講「生死」，我明白了，我們這個人身，在輪迴大海中，若能善加利用，則可渡過生死的河流，到達解脫的對岸，得到無比的快樂，我好像發現了生命的泉源，以前苦苦追求的東西，原來就是這個。

一月七日

中午在佛堂裏，劉老師和我講起在臺灣的學生們真可憐，忙功課無暇練毛筆字。如此我聯想到大人們也可憐呀！沒有生活目標，時常悶得發慌，不是打麻將，就是陶醉過去，幻想未來以打發日子。世界人類都如此呀！物質生活在進步，但精神更加空虛和迷惘，喝酒、抽麻煙、吸毒，都不能解決根本的問題，想自己能從自我的牢籠中突破出來，是多麼幸運呀！忍不住地哭了一場；這時有好心人拿面紙給我，不一會南老師也來了，叫我抬起頭來，眼睛向前注視，什麼也不要想，就保持這樣，受教育、工作、任何事都不影響這個。老師以為我開悟了嗎？我是在哭那些冤枉地在痛苦中生生死死的人呀！參一參老師的話，頗有所悟。

小參最後是德吉講話，最初我不太注意她的話，後來才聽出，原來她告訴我們，每個人必須以成佛為目標，不要馬馬虎虎採取開玩笑的態度，而且「信」必成，不必注意表面功夫。這時想到自己老是躲躲閃閃地不願接受重任，是多麼可恥，應抱著「我不成佛，誰能成佛」的決心才對。

小參完後，就結束一星期的參禪，我仍依依不捨地留在會裏，這時德吉拿了許多糖菓、餅乾到辦公室裏，請大家一個個進去，她分些東西給每一個人，還念什麼咒或經，祝福每一個人。我也好奇地進去拿了一份，心裏想笑又不好意思笑，在出來吃糖菓時，忽然發覺自己犯了大錯，怎麼又忘了保持老師所謂「這個」的境界？怎麼又起懷疑之心呢？所以我又進到辦公室去，

老頑童的話

立法委員　韓振聲

以前曾聽過南師懷瑾講《道德經》，經一年有餘，對於佛道的理論，稍有印象。突於去年十二月廿八日偶訪南師，承蒙厚愛，囑於本年元月一日來此打七。屆時來此，毅然決定七天未離會門。每日上下午各靜坐四次，行香四次。每晚小參，由南師指定同學們各訴心得或感想，約有三至四時。同學們計有三十五位，美國人有白先生、沙邦欣，態度誠懇，意志專一，令人起敬！有西藏德吉女士，約卅歲左右，由匪區逃來，經過種種艱難困苦，真是死中求生，故此，曾命名為活菩薩，是因其喜笑顏開，活潑可愛。嗣經南師講到學佛苦況，她就放聲大哭，經師指責其應肅靜，她就默然無聞，儼然到入定狀態，如此又命名為定菩薩。蓋此，非開玩笑，實因其真情流露，吾以為離佛不遠矣。尚有明儀法師、許崇禹、王徵士、鍾德華、劉修如、劉大鏞、張東生、葉世強諸位先生，聽其報告，悉為修養有素，得道之士，令人皆站立，即開始講道，講畢再打一下，又開始行香，約十餘分或廿分，就上樓靜坐。如此一連七天，聽到的很多，懂得很少，悟得更少。最後二天，師就指明「我即是佛」一語，忽悟到就是答覆「我是誰」的結論，「我即是佛」，已無疑義。但「我」有「真我」，「假我」之別，「真我」是一點靈明，在父母未生我以前，本來具有。至生來以後在嬰兒時靈明尚多，逐年長大靈明漸失，愈長大則慾望愈多，智識愈高，而靈明愈為塵埃蒙蔽，就等於真我喪失。然欲恢復本來面目之「真我」，非加修持不可。此七天之打七，就是修持之一道，所謂「禪定」是也。「禪」者消滅妄念也，「定」者意念專一也。譬如釋迦牟尼身為太子，不願繼承王位，應該娶妻納妾，享受榮華富貴，俱不樂為，一心要出家學佛，苦行六年，以至於十二年，受了種種折磨困苦，終至成了佛祖，此非具有道根慧根，曷克臻此。至五官俱全之我，看形相雖是我，實是假我，因靈明沒有，不知何時臭皮囊一丟，就歸於「空」了，此即佛經上「色」即是「空」，「空」即是「色」之原理也。此理是真理，永恆存在，又名天理，是自然生成，無論何時何地俱可適用，均為佛、道、儒三家之所共同主張，惟說法稍異耳。「真人即是佛」，固然可置疑，然如何始能做到「真人」乎？佛法有「戒定慧」之修持，道家有「虛極靜篤」之素養，儒家有「仁誠公」之教條，而均以「心性」為基礎。佛曰：「明心見性」，道曰：「修心煉性」，儒曰：「存心養性」，此心性之研究，即屬心地法門之課程。七天內舉證甚多，解釋甚詳，不曰跳下山崖，即曰放入大海，或斷臂指，或擰鼻子，或打掌踢腳，均可悟道成佛，而皆是在本來心地上追求，並不是向外處尋覓。所謂「直指人心，見性即佛」。又曰「道不遠人，遠人非道」。「道者不可須臾離也，可離非道也」。人之所以為人，就在有無「道在人心」。「人心有道」，是本來具有，但因欲望日多，就變成私的人心，所謂「人心惟危」，危險下去，焉能成佛？「人心」減少，自能恢復本來的「道心」，「道心惟微」，雖微而離佛不遠矣。人生有三大關，一生死關。二名利關。三美人關。此三關確實不易度過，佛法列入戒條，名為三戒，即貪，瞋，癡。貪為三關之戒條，瞋為爭氣好勝之戒條，癡者，妄自尊大，如有一技之長，或智識豐富，即以為了不起，此即先入為主之成見，適為滿招損之結果，佛家名為知識障礙，不惟招損，且礙成佛，此尤為戒條中之重要者也。墨子摩頂放踵——兼愛，能成佛。楊朱拔一毛利天下而不為，亦可成佛。因其有真性，果能修持，自可成佛。所畏者，既自私，又損人，利己而損人，是強盜，尚不失人類。若再加以作偽騙人，那就成為魔。魔非人類，自難成佛。嘗聞道家成仙，通稱為「真人」，自然是「靈光獨耀，迥脫根塵」。佛稱為「真如」，或「如來」。如來，就是不失其本來，本來就是真性仍存，此兩稱呼，乃為得道成佛所宜有也。

中，萬能的媽媽都不能回答的問題一定很深奧，我不敢奢想會超越母親，所以也就不再庸人自擾了。自從接觸佛學以後，每每有疑問，歸根究柢就是這個問題，雖然佛經上有所解答，總認為那只能用來應付考試，空談理論，一點用處都沒有。依情勢看來，老師似乎真要我們花七天的時間去面對這個要命的問題，越想越不對勁，準又要繳白卷了。再說，老師特別叮嚀我們：不准去分析，去推理。這可不是故意和我們過不去嗎？受了十幾年的教育，完全是分析、推理的訓練，除了這兩種手段以外，我們的腦子實在不知道還有什麼運動的方法。花了一個早上的時間先去參老師這句話的意思，心想方法知道了以後，總好辦得多。不用說，這個早上是白費了，而且參得頭昏腦脹，這種滋味比考試時答不出來更難受；心想清清靜靜的坐著不是很好嗎？為什麼還要多此一舉去想它起心動念的是什麼。把這想法告訴老師，老師說，清靜也是念頭。這句話有道理，我早就認為如此，所以才不肯相信那就是「那個」，經老師這一肯定，當然更高興了，但是這樣問題還是沒有解決呀！這個清靜的念頭本身就是話頭。一個下午就參起這個話頭來了，或許因

「你的煩惱就是無煩惱的煩惱。」還是不懂，只好又問：「那麼我該參什麼話頭呢？」老師答道：「你想想你是生從何處來，死向何處去。」當然仍舊不懂，只好上座；但是老師那兩句莫名其妙的答話，卻莫名其妙的引來了我無比的悲痛，眼淚再也忍不住了。哭過一陣以後，感到好多了，老師開示說：「就是這個！」我還是搖頭，因為這種清明的境界，我用不著掉淚就可以求得，更何況我還一直不能去除心中那股莫名其妙的傷感呢！再說：為什麼這就是「那個」呢？信不過！信不過！只好狠下心腸讓老師再次失望，老師實在也拿我莫法度，只好搖搖頭，揮手讓我離開。接著下來，自己忽然對周遭的一切都感到無聊，不用說，打七是無聊，老師的話也無聊，參話頭更是無聊，向來自認相當能自我控制情緒，此時卻被這種百無聊賴的心情完全征服了，同時也不想去排除它。好像我已經找到答案了似的，其實胸中那股莫名的火氣，隨時都可能爆發，只是自己勉強歸之為無聊罷了。於是理直氣壯的向老師報告上去，老師的診斷是：無明的煩惱。這一說，我又莫名其妙的掉下淚來了，但是，這並不就表示我信服老師的診斷，只是，那些眼淚實在太莫名其妙了。

第三天，規定禁語，正值我心情不好，乾脆就不和任何人打交道，高興板著面孔，就板著面孔，這是平時無法享受的權利。不巧，老師敘述他悟道的過程，其中提到他所發的心願：生生世世要來濟度眾生。這句話一說完，我眼前忽然一陣黑暗，心直向下沉，完全陷在孤獨、寂寞、絕望中，太可怕了，老師這下子可真是萬劫不復，永遠沒有出頭的日子了；繼之又想到自己也是眾生之一，無論如何都逃不過老師的願力，這麼一來，我可不就是老師的負擔了嗎？雖然有些不滿老師這麼愛管閒事，但是成為人家負擔的感覺更不好受，心中越想越著急。

本來參不透就已夠煩人了，現在再加上這個壓力，更是受不了。再一上座，不爭氣的眼淚又來了，當時的感受就如下了地獄，無奈腦子還是不開竅。後來想開來，知道自己又是逼得太緊，只好放鬆放鬆，喝一杯咖啡，到外面吸幾口冷空氣清醒清醒頭腦，儘量使自己身心愉快。

忽然靈機一動，喔！對了：真我何嘗離開過假我？假我也只不過是真我的作用罷了，一體一用；一向把思想本身的作用捧得太高了，反而忽視了它如如不動的原動力，無思無想時，主人翁也並沒有隨之失去效能呀！想起老師第一天就要我們參究的一首偈子：

本來一片閒田地　過去過來問主翁
幾度買來還自賣　可憐疏竹引清風

就是我的寫照，現在總算完全瞭解了。

想想自己，當了二十幾年自欺的傻瓜，甚至還在那上面自尋煩惱，真是又癡又傻的可憐蟲。把這些想法報告老師，還舉例說明：「做工夫時很清靜，這清靜本身是『那個』，感到清靜的是念頭，『能』感到的也是『那個』，即使不去感到清靜，清靜依然在。」

老師聽罷，很是高興，說是我真會了，其實我也不清楚到底這樣算不算真會了，那些理論誰也會講，所不同的只是這次好像真有所感而發的；再說，老師向來喜歡替人戴高帽，誰能保證這次不是哄著我玩的？不過，看老師的樣子真是很開心，我只好先假定老師這不是在表演，心中頓時輕鬆了不少，至少，初步是交差了。

說也奇怪，之後，老師的開示變得很容易瞭解，不像原先那麼撲朔迷離，看看周遭這些道友，我不相信他們會有比我呆板，比我固執的腦袋，為什麼還一直不露聲色呢？我想可能是故意這樣作假來陪我這種傻瓜參悟的，仔細觀察的結果，才知道他們也和我原先一般的固執，老師明明都把答案告訴他們了，三番兩次，他們依然無動於衷，像我們這種人，已經是相當無可救藥的頑固了，老師的話，句句要懷疑一番，稍有信不過的，一定不肯勉強自己去相信，存在腦海裏，準備隨時駁回去，不知給老師平添了多少麻煩，現在居然還有人比我更難應付，不由得我不著急，看看老師，竟然泰然處之，這下子我真悟了，悟到我比老師是不如。

自從我相信那個就是真我以後，心中一直很難過，雖然一直提醒自己，必須把握這七天好好做工夫，但是沒有比這些日子更難挨的了，雖說是在享清福，又有老師陪著給我們心靈的滋潤，但是這一切在我而言，都抵不過胸中那股鬱悶；明知過去已不值得留戀，卻拋不開；對於新認知的事實，又不能欣然接受，本來就不是那麼積極的想走這一條路，現在一上路才知道這原來是單行道。

從來沒想到靜坐在生理上會有這麼大的變化。一來就是氣機發動，這種感覺已夠奇妙，竟然還可以用意識指揮它；接著是呼吸舒暢，好像不必勞動肺臟，大氣就自然進入，而且還感到特別清涼；後來頭部發暈，類似醉酒，卻比最醇的美酒效果都好，神志依然清醒，老師的話聽來比平時更清晰。以上種種感覺，如果不是親身體驗，絕對不可能相信。從這事，我深深的感到凡事不要太專斷，沒有充分的理由，最好不要一口否定，最好能親身去體會體會，其中當然不免上當，上了當換取一個教訓和答案，也不吃虧；若是無當可上，那更是受用無窮了。

這七天沒有白過，除了心理上、生理上意想不到的變化以外，還從道友

我說肉麻

輔仁大學畢業生　許崇禹

關於「靜坐」，自從跟南師學習，迄今不過三月。「禪七」前，每於靜坐中覺頂門跳動，瞬間即一股「麻熱」之力，下經脊椎達於尾閭，並再擴及兩肩。此時，上下身有脫離感，然心身之舒暢泰若，實前所未有。繼而數日後，乃有身量擴大的感覺，其大漸次而及於不可知，好像真能括盡宇宙萬物，而更無外矣。記得前曾有函稟南師云：「諸佛入涅槃，可謂『萬古剎那，千里念間』否？蓋涅槃境中『時空同等』故也。」這段「亂蓋」，恰好我又在此一時期中，得到了一點似是而非的體驗。

「禪七」中，首次行香，不知南師手持一狀若「劍」形之「木板」，究做何用。我正一面疑思，一面不覺又陶醉在我的「時空同等」中時，不料，南師突然就是一板子打在水泥地上。這碰然一聲，如夢中驚雷，頓使我萬慮盡斷，那股「熱力」亦同時自頂門而下，貫及全身。當時，心中只是一片清明自在，妙不可言。所以我說：南師講「七天就這一板子。」真是多此一言。但這「清明境界」為時並不太久，便緩次退失了。在以後的靜坐中，第二天肩背痠疼難忍。南師說：「難忍亦須得忍！」那我也就只有忍了。第三天左腿痠疼難行。第四天漸移至右腿。第五天則肩背及兩腿之痠疼漸失，不覺身心又是一爽。誰知此時，南師午時因事外出，下午行香由孫先生代為執「板」。我想：孫先生拿板子，只不過做個樣兒罷了。哪知，他竟然真的也「打」了，就在這一「板」之下，那清明境界，又更清明了。我不覺木然佇立在那兒，頓時萬念飛至，但俱若遠畫，於我何事。所以，我起來時看孫先生若有所問，便告以「一切自在，更無他事」。

好了，第五天後，上坐頃刻間即熱遍全身，並嘗不覺圓目睜視，呼吸自然屏息，但不知為何這樣更有助於那「熱力」之強固。這，在我覺得倒是蠻舒服，挺好玩的。反正沒甚麼不好，所以也就沒向南師請問。現在，我倒真是很喜歡這個「調兒」了！沒事時，就如此這般的坐著玩玩，倒也意趣無窮……。

談到「見地」，這更是我「稀鬆」的一面。譬如：在「禪七」中，南師說了許多話頭，才說時便破，還有啥好參的！我想：南師千言萬語，也不過只是為了那一「點」。但就那一「點」來說吧，他老人家也沒能說清楚，又教我們能有甚麼「見地」呢？真是所謂：

了了無見地　見了也了了
不見勝有見　見不見一般

這樣，南師的那些話頭，豈不都對我白說了？但我對南師說「密法」時的那種神情威儀，倒是蠻有興趣的。可是一旦說了，我心想：就那麼三個字呀！真有點像「垃圾」，到處俯拾皆是。不知他老人家怎會上了這麼個「大當」，吃了那麼多「苦頭」，找到了，打開一看，原來卻是「垃圾」。不由得，我暗自嘆道：

密密何曾密　只為自心迷
迷時起顛倒　垃圾當活寶

真是，世人多自心迷，到處妄去求法，卻不知「正心自安」；心安則理自得，安心則道自顯。臨濟禪師說：「道在常情。」我想，還應該再加一句：「不隨情轉。」不知南師尊意然否？

寫到這兒，使我想到在「禪七」中，南師說的那些「詩」，我好像似懂非懂的懂得了一點。所以，又使我想起在「大參」報告中，自己杜撰的一首歪詩，現在就寫在這裏，權做為我這篇報告的不結之論，不知如何？

詩曰：

北燕南飛覓路歸　不知何處可依棲
嶺雲踏破無尋處　含笑青山眉暗低

一聲爆竹

美術教師　葉世強

第一天。第二天。第三天。

接連了三天香板。第四天行香我聽到遠處嘹亮一聲爆竹像靈中的呼喊。我一面跟著前一個兜圈子行，一面思量這聲音，心頭是一種無以言說的感覺。隨後兩滴眼淚跟著板響聲，奪眶而出。

兩天前，座中行香中有同學哭，哭從內心深處，我想知道終不知道。第五天卻輪到我自己，我安詳的坐著，還未想到曹溪的溪字就突如其來哭了。

第六天。第七天。老師最後桌子一拍，我覺到和七日中的任何一拍不同，在種種事中，我覺到佛法無邊，佛法不可思議。

如果有人問我心得如何，我就說哭了一場，加上兩滴淚。

放心

大學博士班　吾爽兮

在這七天的禪坐之間，我對參禪的方法作一重新的整理與確定。在這以前，我以為觀心以及參話頭亦是一念，因之只求放心。哪曉得一放心，居然自己做不了主，反成妄念的奴隸。因此我將此方法重新加以檢討，並認為參話頭與觀心，乃是集中思想，入定的前奏，久而久之使其定性，才可進一步的放心，否則將做妄念之徒。見解上，所謂我乃大我，而妄念乃此我之作用。故曰：全波是水，全水是波。然其境界尚未體驗到。

生理方面，剛開始頭幾天沒什麼，後來右手，右背甚痛，且僵硬了，如此幾乎過了三天。在這幾天，站的時候似乎在轉，同時有一團東西在動，痛也從右背轉到手臂上，站時也不大搖了。最後一兩天，背脊上有一股氣達腰間，但老通不過，有點難受，頭頂也感到一股東西直達門牙。忽然大指動一兩下，頭頂也跟著動一兩下，偶爾也覺得有東西在頭頂上轉來轉去，且聽到一些有如夜晚賣麵茶的水壺所吹鳴出的聲音。

新經驗

國立藝專樂科教師　宏聲居士

在加入禪七之前，總以為，所謂禪七者，只不過是七天之中不斷地打坐而已。如今，才知道並不是那麼簡單，參禪和打坐雖然有不可分之關係，但打坐並不是參禪，參禪著重在心的修煉，故有所謂「即心即佛」之說，一切由心所造，現在要來降服這「心」，真不是一件容易的事。

禪七開始的第一天早上，打坐之後，便下樓行香，見南老手持一木板，真不知是作何用，大家正走得起勁，忽聽一聲巨響，確實嚇了一跳，就這一板打在地上，便揭開了禪七的序幕。香板一響，大家靜止了，接著便是南老扼要而精彩的開示。起初，總覺得香板聲音太響；後來竟對香板之聲頗有好感，因它帶給大家一種異常的寧靜和警惕。每當打坐之後便是行香，行香之後又去打坐，每次行香之時，都可從開示中得到許多寶貴的經驗之談和參禪要訣，並且把許多重要的經典，如《楞嚴經》《心經》等，都簡要地加以介紹，使大家有了一個大概的了解。在開示中最有趣而且最令人受益多的，就是那些參禪的公案，如「野鴨子飛過去了」等等。時間一天又一天的過去了，大家在行、住、坐、臥之間，不知不覺地養成了平日從未有過的定力，這真是意想不到的事。每天晚上小參時候，可以說是一天之中最有意義的一項節目了。從同參們的感受和見解中，得到許多實際的、正確的方法，有了困難和問題，又可當場得到幫助和解答，真是盡善盡美矣！從大家的談話裏可以看出，同參諸位，確有不少已走上正路了。

就我個人來說，在心理方面，所得並不顯著。因知「覓心了不可得」，便抓住一句話頭「父母未生前，是何面目？」萬緣放下，只想著這句話頭。最初兩天，入座以後仍是妄想叢生，坐立不安；最後幾天，才感覺到心中的負擔漸漸減少，像這樣約十多分鐘後，兩手兩足都可棄之不顧。此時，眼光集中之處呈現一片似青似藍的暗光。氣息到了小腹以下時，便覺脊椎根部自然微微一震。每次息入之時即有一震或數震，幾次之後，便不再有震動。但此時如稍一不慎，便會失去這種境界，退失以後，就很難恢復，這一定是由於功力尚未到家的緣故了！

在生理方面，情況較為明顯，初坐之時，覺得筋骨堅硬，不能久坐，但尚能忍得半小時之久。第二天最不能支持，好幾次都不能上座，即使勉強坐著，也感異常痛苦，這可能和左膝關節在不久前受了傷有關。從第三天開始，就覺得好些了。直到第六天下午，竟感覺關節處有發熱之現象，數分鐘之後，又轉為涼爽。此後，久坐亦不覺有何阻礙。更令人驚奇的是右手腕處，在數年前受傷痊癒之後，有一突出硬塊，亦在第六天下午開始漸漸消失。這實在是令人難以解釋的奇妙現象！

這短短的七天之中，心理和生理上能有如此的變化，確是參加禪七之前所料想不到的。今後，一定依照著這個方法，繼續練習。

尋回的失落

美國留華研究生　老白

當我聽說東西精華協會舉辦靜坐班時，感到很有興趣，因為我覺得在修養方面，需要一些有紀律的訓練，尤其是要治療一下，在現代都市生活中所產生心理上沒有安全感的毛病。就為了這個目的，我曾做了十八個月的瑜珈術，並看了許多這方面水準較高的書，包括一些默想練習的書，但由於缺少老師指導，總覺得一個人沒辦法做得好。

我小時候受了很深的宗教教育，雖然因受普通教育而沖淡一些，並且近年來致力在求有所專業而疏忽了宗教，但它仍然對我有影響力，我對世界的觀念越來越窄小，使得我在工作及一切活動中，無法體會到更深一層的東西或力量，以前所擁有的理想漸漸消失，而只專注自己自私的目標。

我是一九七一年十一月開始參加靜坐班，由於南老師問起，我就抱怨十幾年來背痛的老毛病，我背痛，他診斷為風濕症。可能是有了十八個月瑜珈術的底子，也可能是急於早日治好我的背痛，總之，我得很謹慎、用心地遵照老師指示去練習，在短時間後就收到初步的效果——特別是有一種電流從脊椎骨下面往上移動的感覺——。過去我時常有情緒煩惱，現在可從其中解脫出來，工作時也更有精神。在十二月最後兩三星期，因為工作太累了，沒有參加靜坐課程，但我在家裏沒有一天不打坐，從其中可得到無限的滿足。

元旦前夕我到會裏，準備參加禪七，坦白地說，那時我身心均萬分疲乏，只想從平時刻板的生活中逃避幾天，好好休息一下，還希望能在七天中，可以使我背的情況進步，同時改掉我早晨晚起的習慣。在場有人說，前幾年有一次禪七時，老師家的狗和貓都一齊死了，當然對這類的故事我是很懷疑的，這種神祕和超自然的現象，覺得和我無關。

在第一天的時候，雖然我可感覺到這一小塊地方裏坐了許多人，但我覺得這些人和我似乎沒什麼直接關係。老師所說的，我不能完全了解，但還可懂個大概意思，其他的，我也不去管了。我不能了解「參話頭」的意思，在小參時沒有什麼心得報告，使我感到很驚奇和有趣的是，其他人在一天時間內，情緒就有顯著的反應。中國禪真充滿了人情味，不像我從書本上所認識的日本禪，是那麼嚴肅。

第二天我比較覺得自己和其他人有點關係了，並應該多去了解他們。打坐很順利，有一股氣由背向頸移動，真令我興奮。我沒有盡力使思想集中在一點，去參「我是誰？」但這些仍影響到我，在小參時，我的報告是：我對一切事情——包括我自己——很起反感和憤恨。

第三天針對著「我是誰」這問題，我的報告特別可分兩點：①我是我父親的兒子。②我是別人心中的外國人。很感謝老師給我的回答，給我很大的鼓勵。事後很懊悔自己以往的心胸狹窄和自私，沒有去真正的了解自己，反注重別人對我的看法。

禪七前，從所謂的「海底」，常有一股氣在移動，那部位明顯地有陣痛。禪七的第四天，我開始在等待這種氣動現象，有了這念頭後，我的身心就不能鬆弛，因此我特別就參「體驗到那股氣的人是誰？」如此氣機變化的微妙不可捉摸，我忽然覺得這是我第一次明白「氣」的本意。本來我以為這只是一種譬喻的名辭。有一次這氣如一大片柔輭的暖流，由背的下部到頸，由此到頭，再往下至臉孔、頸、胸、腹，又回到原處，腿也停止痛了，有時肩及上臂也有股氣在流動，有時手心也會出汗。

打坐時很舒服，心亦平靜，似乎不需要老師督促，而且覺得為準備晚上「小參」而隨時注意自己心中之念頭似乎也使我分心。所以第四天「小參」時，我只說，我認為「不要妄想」這本身就是妄想。那天我還莫名其妙無法控制的大笑很久，甚至橫膈膜也感到抽搐，由此覺得很大的解脫，可惜老師當時不在場。

進一步的我認為，「小參」報告雖然幫助我們了解別人的個性，有時互起共鳴，但其中隱藏著欺騙自己的危險。似乎報告不是自然由內心發出，而是經過考慮，然後在大家面前表演一樣。第五天一大早剛醒的時候，我就想準備晚上的報告了，這使我打坐時不能專心，我打算「小參」時要說，這種報告本身也是妄想，連老師甚至悟道都是妄想。一方面要心理放鬆，忘掉一切，另一方面又要由衷的報告，是多麼矛盾，所以我很高興老師今晚取消了

「小參」。

同時很明顯的是，老師要改變指導方法，過去四天他一直引導我們忘掉現實生活，使我們明白比較深奧的真理，現在他要我們再回到現實世界中，不再強調禪的不合邏輯及神祕的一面，只提到禪的普通性，禪就存於每天生活中，很清楚指出，日常生活依照生活標準行事，這些與修道悟道是沒有衝突的。

第六天時，老師可能有點累了，大家都鬆弛散漫，我打坐時常因旁邊人講話而分心。在短短幾天中，大家有共同感受，表示出互相幫助和同情，我們這些人已有一個團體的意識。老師似乎從談話中又獲得精力，他敘述幾十年前在中國大陸的故事和經歷，帶著真正中國人的思想和精神的意味，這都是我從前很少體驗到的。

最後一天裏，不知為什麼？可能是又憂慮禪七快結束，又要準備報告七天所得，心理緊張，我很激動地大哭很久，之後感到虛弱疲倦。我很高興這場大哭使我感到淨化了。晚上仍依依不捨，不願離開，二三天之後，仍有虛弱疲勞感覺，不想積極去做學術研究或其他任何事情。這時因為種種複雜因素，又失去了禪七時人與人之間單純的友誼；回憶禪七的生活，仍然栩栩如生，似乎這在我一生中將是件重要的事。一星期後的現在，有點情緒低落，幾乎是失望，也不知我懷疑這是否繼續有意義存在。作這報告對我比對別人有價值，因為可以再回味和咀嚼這整個經歷；人家看了頂多只是滿足一分好奇心而已。

牧童與牛

大學四年級學生　郭九福

前一、二、三天，每人都很認真，後四、五、六、七，四天大家就有點隨便了。拿我來講，第一天第一次行香的時候，老師的第一次的香板打下去的時候，確實把我嚇了一跳，然後老師開示我們說：「七天就是這麼一香板」，我也不知道老師這一香板有什麼玄機妙用，而且講這句話又有什麼含義。當時我就想如果七天就這麼一香板的話，那我們何必要七天用功呢？我們只要一個香板，隨時隨地都可打它「霹」一聲，那我們隨時都在打七，而且「霹」一聲有七天的功效多好，當然這是我的傻想，真實的意思，我也不清楚。

此後老師給了我們一個話頭參，就是「我是誰？」亦就是「我是個什麼東西？」「我本來的面目是什麼？」起初參話頭，怎麼參法，我亦不會，老師說參不是思考，但亦不是完全不思考，這一來就難了。怎麼參呢？這很傷腦筋，只好用念佛號的方法，把話頭當成佛號來念。例如：我是誰？誰是我？我從何處來？往何處去？我本來面目是什麼？我為什麼能思想？我為什麼會動？而石頭怎麼不會動？有人說人有生命，那生命是什麼東西，生命怎樣發生的，而為什麼人有生命，石頭就沒有生命，我為什麼有知覺，而我又為什麼應用知覺？我是真，還是假？是有還是空？有人說我就是心，心是什麼東西，是有是無？有人說心本無心因境有，那境是從何而來，是有是無？有人說心生法生，那麼到底先有心還是先有境？還是心是境，境就是心？

這一些問題使我愈弄愈糊塗。後來我又想，我知道了這些問題有什麼用處呢？如果沒有用處我追尋他們幹什麼？如果有用處，那用處又是什麼？真是一個疑問，苦真苦，到處都是疑問。最後我就懷疑到所參的是什麼，能參又是什麼？到此已經沒辦法再問下去了。

第一天第二天就在這些問題中打轉。到了第三天這些問題全部被我趕出門去了，並不是我知道了什麼。只是我惱了，所以把它們全部趕出去了。第三天就到極樂世界，借了一宗往生極樂世界阿彌陀佛處的法寶，是一條繩子，我把它拿來牧牛用，這條繩子是六條細繩結成的，我想拿來牧牛是夠粗，不怕牛把它拉斷，它就是「南無阿彌陀佛」六字。

第三天整天我就用這條繩子繫牛，牧牛。到了晚上，發現情形不對，牛被繫得頭昏眼花，牧童亦四肢發軟，我真不知道是牧童在牧牛，還是牛在牧牧童。本來一個活潑的牧童，一條活虎般的野牛，變成這種樣子，算了罷。

第四天起，老師在講法，往往用詩或偈子，這些詩跟偈子都很美，我話頭不參了，牛亦不牧了，我在欣賞詩句，高興時跟著撮句子玩，已經不在打七了，在聽詩了。第五、六、七天，現在亦想不起來在幹什麼，那幾天都在糊塗中過去，現在感到很慚愧。老師說我太散亂了，確實我不但散亂，也太放逸，也太昏沉，今後須得再努力才行！

格老子仍舊殺豬去也

師大三年級學生　林秀琴

（編按：是林中治通知這位作者打七的消息）

林先生：

會裏的通知接到了，閱後不禁莞爾。你不是老勸我「過即不留」嗎？我乖乖聽了你的話，回得家來，努力坐忘，把過去所有的老本都一併丟光了，哪裏還寫得出什麼呢？不過，既然是林先生掛名出陣，這個面子不好不給呀。所以還是寫一點吧。

我的經驗不足談，我也不會談，有些事情，我稱之為「美麗的事物」，在我的一生中，以種種奇特的面目，在不同的時空下出現，然而，靈光一閃之後，瞬爾即逝。我跟它會心一笑之後，也就掉頭上路了。

停筆許久，繼而擲筆長嘆！

我不願騙你，事實上我這幾天的心境又陷入苦痛之中。

我一直奇怪，有一樣東西，我姑且稱之為「道」，似乎特別鍾愛我，我跟它也一直有一種神祕的感情，可是怎麼它又老是折磨我？壓榨我？

第六天，老師說「悟道不難修道難，修道不難成道難，成道不難宏法難。」我當下放聲大哭。我為什麼放聲大哭？……

回得家來，頭兩三天，神清氣爽，走起路來，輕飄飄地，所見事物，無一不美，無一不順眼。竟像個剛出生的嬰兒一樣，挨罵受挫，毫不生氣。反正被罵被挫的那個「我」三魂七魄都早已化掉了，哪裏還有氣可生呢？人家越罵，心裏越笑，因為那個人正在對著空氣打拳。

那種心情沒有幾天，一個聲音就在心裏嘲笑了。它嘲笑我自以為樂，自以為悟，其實就是不樂不悟，就是一種不安的表示。它嘲笑我因為一生被它追逐得太苦了，所以急急想抓住某種事物，進入它的殿堂，接受它的庇蔭。它嘲笑我一生自以為天不怕地不怕，一切不在乎，其實只是未到怕，未到在乎的時候罷了。每次一打坐，它就在旁邊笑，笑我一副急急求乞的可憐相，笑我餓慌餓癟的落魄相，笑佛門裏又多了一位磨磚求佛的傻瓜。

不要想寫信來安慰我，你還沒有開口，我就可以望到你的喉底去，必定又是老師那套「手腳發麻，頭昏眼花都是進步」的法寶。你那副好心勸人的神氣，我在這裏都可以想像出來。解鈴還得繫鈴人，心病是我自己起的，也只有自己醫得來。旁人再說再勸，只是涼話閒話。有時候我真羨慕你跟李小姐、德吉小姐，信了就信了，簡單直截。人家說那條路是通向長安的，聽了話就筆直地走下去。我不是的，我非得繞許多冤枉路，吃盡許多苦頭，弄得頭破血流了，方才自己折回頭。

奇怪得很，寫完了這些，一肚子的冤氣都似乎消掉了。去他的成佛不成佛，老子也不一定非吃你這碗菜飯方才活得成。要來你就來，不要來彼此拉倒。赤條條來去無牽掛，東西南北走天涯，「格老子仍舊殺豬去也」。（編者按：這是老師引用的一句笑話）

小孩子　琴　敬上　一、廿

香板與這個

教員　史惠文

七天當中每日從早到晚，每坐半點鐘，行香半小時，晚餐後是小參，大家輪流發表一天的心得並由老師親自指導。我第一天坐下來頭上的氣好多，衝來撞去，耳孔脹、眼睛痛、頭部脹得真是難受，當時好後悔當初為何要來學這個呢？第二天據老師告訴我還會更痛，我抱著一死的心情，繼續坐下去。

在行香時忽然聽到老師說用意識將氣向下引導，不管是否拿到雞毛當令箭，試一試果然有效，如獲珍寶。這是氣漸漸到胃部，頭部輕鬆了。到了下午老師又說收起丹田，氣便慢慢下降到腹部，偶爾背部脊椎骨，頭骨中都有答……答……之聲。一會兒一股氣由丹田處向上衝，身體好似要爆炸的球，此時老師走過來輕輕地叫我眼睛半開，嘴張開吐氣。果然很靈，忽然我覺得自己身體發輭而無力，老師令一位道友，照顧我，他帶領同學們到大殿行香去了。

我的身體漸漸溫暖，坐得很舒服，大家去行香我可聽得清清楚楚，但那時我卻站不起來，腦子空空的就這樣舒舒服服的接連坐了三個小時。後來為了想聽老師的開示，也就用深呼吸使自己不要再定下去了，於是我鼓起勇氣和大家一樣，一切放開不去理會他。

第三天肩骨頸骨向內收，覺得自己在縮小，頭骨、脊椎骨中又有答……答……之聲，但聲音稍有不同。尤其到了中午休息時耳鳴更大，一向不睡午覺的我，只好去睡使他忘記。

第四天，全身麻麻發電一樣，氣已通到腿部，兩腿脹痛萬分，從前膝蓋痛也慢慢消失，行香時手指發脹放電一般。

第五、六兩天每次上坐，整個身體輕鬆清淨而舒服，口中的口水清香嚥下，念頭空了，使我體會到老師引說的：「靈光獨耀，迥脫根塵。體露真常，不拘文字。心性無染，本自圓成。但離妄緣，即如如佛」。這七天來真是大有進步，我體會到了定中所得的煖、頂、忍、輕安可以說是禪定的境界，以後還得多多努力。

一年多以前那是我剛開始學靜坐，南師教我們觀心法門。當時一上座妄念紛飛，不坐想得少，坐起來越想越多，經過這一段長時訓練後，和這次打七，我將以前學的隨時調配。這七天每次行香時，正在參話頭的我，忽然「拍」的一聲，腳步一停，南師說：「就是這一下」，「七天就是這個」，大家一嚇，頓時眼前什麼念頭也沒有了，「空了」，真是「無眼耳鼻舌身意，無色聲香味觸法，無無明……無智亦無得……」。接著聽到南師不停的開示，儒、釋、道三家無所不講，尤其詩詞滾滾而來，如珍珠寶貝滿地灑，可惜我這小腦袋有的裝進，有的卻漏掉了。

記得清楚的如：「收拾起大地山河一擔裝」。「制心一處無事不辦」。「一念萬年、萬年一念」。「動以修身，靜以修心。身心兩健，動靜相因」。「提起正念，莫妄想」。還有太虛法師的：「仰止唯佛陀，完成在人格。人成即佛成，是名真現實」。師說：「老老實實做人，規規矩矩修持。」這是我今後要努力的目標。更希望大家和我一起來共同研究，研究「這個就是這個」。

我是誰？？？

清華大學四年級學生　小傻子

苦啊！苦啊！繳報告實在苦，尤其是剋期報告，不知從何著手，真是苦不堪言。

禪七開始，老師要我們參「我是誰？」上了座，也不管「參」是幹什麼的，就傻裏傻氣地追問「我是誰？」起先從我是鄭氏子，一年一年的往前想，最後想到了媽媽肚子裏面去啦。完了！再往前找的話更複雜，就是請計算機來也永遠找不出答案，於是放棄了這條無止境的線索，呆呆的坐著，偶爾想起「我是誰？」「我是誰？」還是沒有解答。一下子又忘了，外面的狗叫聲、汽車聲……只要有點小動靜，就跟著胡思亂想，這時候雖然常提醒自己，怎麼又在胡思亂想了，但是妄念還是不停，一個接一個，想擋都擋不住。

第二天老師要我們參「我是誰？」「父母未生之前，我是誰？」「生從何處來？死向何處去？」「無夢無想時主人公何在？」更加使我消化不良了，一個「我是誰」已經夠頭大了，突然間增加了三個，不知要吃哪一道菜好。算了，什麼都不參了，妄念還是不停的一個接一個。改行，只要胡思妄想一來，就勸自己「過去心不可得，未來心不可得，現在心不可得。」有時候就切妄想，手切腳踢，手腳並用，相當的忙。如此一直到第五天身體搖動得厲害，後來老師叫我睜開眼睛把身體忘掉，身體就不再左搖右晃，此後小傻子就呆呆的看了一頭大笨牛，七天就莫名其妙的結束了。

記得禪宗的教育有棒喝這一招，第一天行香的時候，看老師手上拿著香板，而且藏在背後，以為是打人用的，心理上有點怕，萬一老師板子往我頭上一拍，那可不太好受。因此，聽到板子響就嚇一跳，緊接著，老師就說：「告訴你，就是這一板。」到底這一板是什麼，聽了七天的香板聲：

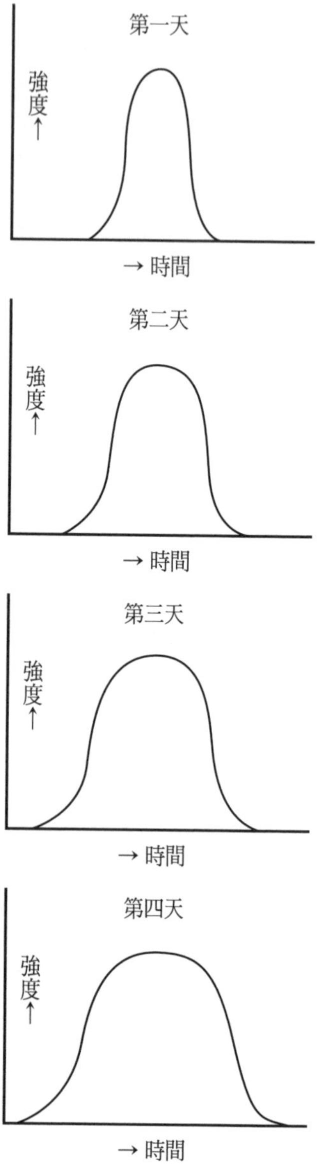

第五天以後，知道老師的香板是拍地板，而不是用來打人的，漸漸地麻痺了，聽了香板聲再也不會嚇一跳了。

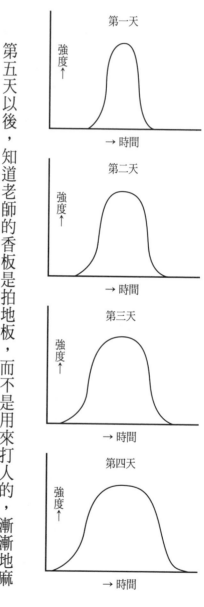

入伍訓練

臺大外文系畢業　張選翰

在參加禪七以前，對禪七的意義並沒有多大瞭解，只是想體驗一下，學點東西而已。並不敢奢望能夠明心見性，甚至於成佛。正如禪七過後一次靜坐時老師所說的：我們參加七天的禪七，只是學佛的入伍基本訓練，連禪宗的邊都沒有摸到，更談不到什麼悟道了。所以現在僅將七天來有關見地工夫方面的一點心得寫出來。

關於見地心理方面：第一天老師叫我們參話頭，參「我是誰？」觀「心」。叫我們去參、去體會能夠思想、言語、感覺、動作、喜、怒、哀、樂的那個本體（東西）是什麼？並在行香時叫我們也要保持靜坐時的心境，不要妄想，不要思考，在香板打下去的一瞬間體驗一動一靜之境界。並說：「外息諸緣，內心無喘，心如牆壁，可以入道。」「諸行無常，是生滅法，生滅滅已，寂滅為樂。」「過去心，不可得。未來心，不可得。現在心，不可得。」以及「本來無一物」。以及以後幾天說了許多公案要我們去參。起先我沒聽清楚一定要參話頭，後來知道了也沒有去參，只是去體會前面幾句經句的意思。前幾天無論「坐」「行」「住」「臥」妄念很多，因境起心，最後兩三天在行住坐臥方面妄念比較少了，並儘量朝著一心不亂，妄念不生做去。

有一天老師講到願力有多大，智慧就有多大，功德就有多大。聽了老師不惜粉身碎骨去度人救世的慈悲心願，深受感動也深為慚愧，覺得自己太自私了，處處為自己著想。今後要效法老師的精神，趕快地自度度人。

另外有一天晚上小參不舉行了，老師講「生死之間」、「中陰身」的事。講到大善人死後生天道，大惡人死後入地獄，其他有好有壞的人死後，隨著自身累積業力而輪迴轉世以及死時之各種情況。覺得人生的可悲與死時之恐怖，所以應儘早學佛及多做有益於人類眾生的事。

其次關於工夫生理方面：禪七前靜坐時，用守意於肚臍內一點的方法。同時坐時覺得全身氣血流動發熱，已感到有點氣到大腿，小腿、足心很少。

禪七時，老師叫我們打坐時拋棄以前所用的方法，叫我們觀「心」，教我們觀念頭，前念過去，過去不留，後念未生，未生不迎，當前的念頭把它空掉。綜論這七天在禪堂打坐的情形，一般說來都坐得不太好，沒有在家裏坐得好。第一天因為緊張，胸部、心臟有點痛。以後幾天坐得好的時候，覺得兩腿到足心都被氣充滿了，兩大拇指接觸處有如觸電般，另外相疊的左右四指也好像被吸住了，全身發熱，氣在流動，好像充電一樣，目前顯出一小片白光，坐完之後，手心會出汗，精神、體力比較好。

禪七期間用觀念頭，三際托空的方法，覺得比守意的方法要舒服、愉快、輕鬆。但是當下不能放下萬緣，心有所求，得意和我見橫生，打坐稍好時生理上起了各種變化而去感覺它的時候，就坐不好。尤其是生理上起變化時，就容易起妄念，把持不住一心不亂了。必須在行、住、臥日常生活當中，也要能練得像靜坐時一樣的工夫才是。

雖然七天來老師苦口婆心，藉機因境，隨時隨地說法，慈悲開示，而我也沒有多大的心得，只有愧對老師之感，但是我還是覺得很幸運地能夠參加這次禪七。

初嚐法味

我是老兵　張東生

坦白的說，自民國五十五年秋皈依三寶，同年夏曆臘八受五戒，因有充分的時間，每晚都是跑道場聞法，但對佛七或禪七，則沒有參加一次的經驗。我輩在家人，尤其是學人半生戎馬，而今能有機緣到道場來，的確是往昔劫中培植來的，人身難得，就是百年，我已過了大半，以後還有多少日子？況人生是在呼吸間，一口氣不來，下去便很苦了，這不就是福報嗎？

東西精華協會禪學研究班於中華民國六十一年元旦，假蓮雲禪苑，舉辦禪七法會，於是學人有機初嚐法味。打七最大目的在精進、參禪、悟道、了生、脫死。然參禪是參自己的禪，了生死是了自己的生死，不是替別人辦的，打七，是尅期取證，一聞千悟的時節，用功在平常，平常不用功，等到打七才用功，到甚麼時候才開悟呢？

來果禪師曾有開示：「生也打七，死也打七，好也打七，病也打七，終歸打七，就是病重了，真到不能跑的時候，就把他的身體向廣單底下一拋，你病也好，生也好，死也好，直至解七後送往生。」

這次是元旦日起七，至七日解七，這一禪七，應該說學人是業障深重，當然沒有明心，亦未見性，真是「既負如來又負師」了。南師道心是懇切的，隨時都在關心同修道友的道念。起七日行第一次香，就開示：「誰是我？我是誰？讓人越參越糊塗！本來無我分明在，無我之中更有誰！」究竟是誰？不曉得是誰？到底是誰？還是不知道是誰。這些疑情，與妄想有什麼分別？妄想隨業轉，即是生死，妄想隨心轉，結果就是明了，這能說是明心嗎？又是一個疑情。可是這個疑情還沒疑到結果，南師第二天行香，又舉出洞山悟道偈：

切忌從他覓　迢迢與我疏
我今獨自往　處處得逢渠
渠今不是我　我今正是渠

應須恁麼會　方得契如如

第三次行香，更引述百丈大禪師上堂開示：

靈光獨耀　迥脫根塵
體露真常　不拘文字
心性無染　本自圓成
但離妄緣　即如如佛

第四、五、六天，每天都將古德先賢的偈語，提示學人，大家都將注意力集中在記錄偈語，所以「我是誰，誰是我？」也就不再參了。

這個禪七，因係初嚐法味，一切都覺得新奇，清清淨淨，工夫雖然沒提起，妄念也少到又少，就在這個清清淨淨的七天裏，認為也許這工夫是有點道心，其實恐怕完全錯了。恐怕沒有見到工夫。

參禪的程度，以多心而至少心，由少心而至一心，到無心，了心。這個道理，應是鐵律，但是心被偈語牽去了，所以「我是誰」沒有提起，也不再參了。這不是好境界。

我只好自圓其說的說：開始是新奇，不知如何用功，什麼叫用功？這七天看到大家坐，我也跟著坐。大家行香，我也跟著行香。當然說不上是否上了路，到了解七，才知道用功，但只好以這次禪七的薰習，保持不退失，繼續培植，用功，循序漸進。

當然信得過

書法教授　劉大鏞

某一個中午，我為了一件不相干的瑣事，特地走來拜會南先生。

南先生是我心目中十分敬畏的一個人。我有許多同輩的朋友，都是他的學生，因此我想隨班執弟子禮，可是他卻堅持不肯答應，只拿我作朋友看待。這次我走來，他像往常一樣，親切地招呼我坐下。從談話中，他知道我近幾年來健康情形並不太好，於是就勸我試學靜坐。當談話告一段落，我站起身來將要告辭的時候，他忽然對我說：「啊！過幾天這裏要打一次禪七，希望你能考慮來參加。」打七，這是禪宗的無上法門；我心儀已久，只是無緣參加而已。據我想：能參與這種法會的人，一定都是修行多年的有道之士與大善知識。像我這樣庸俗的人，是沒有參加資格的。現在聽南先生如此的說，看其態度的誠懇，應該不是開玩笑吧！一時弄得我摸不著頭腦，就含糊的答應了。回想當時的心理，也許認為機會難得，想藉此開開眼界罷了。

除夕的晚上，我向家人告別，一肩行囊，赴會報到。南先生見我真的來了，也十分歡喜。十時前後，所有與會的人漸漸來多了。有中國人也有外國人；有在家的居士也有出家的和尚；男女老幼，濟濟一堂，蔚哉盛歟！我環顧左右，並無一人相識，人家既不理我，我也懶的向別人搭理，只好各管各的睡去。凡事誰說不是因緣！七天，雖不是長的時間；在別人也許壓根兒就不當作一回事。可是對我來說，就覺得並非偶然了。二十年來，我從沒有一個晚上離開過家。誰知今天的夜晚，卻遠離家人而獨自跑到這裏來與一羣陌生人住在一起。這是十天以前，連做夢都想不到的事情，竟會成為事實，豈非不可思議！

翌晨，是六十一年的第一個早晨。新年了，遠處傳來斷續地鞭炮聲，似乎與我們這一羣人，已不再發生什麼關聯。六點三十分，南師陞座（從這時候起，南先生已很自然的變成了南師）。首先傳了七支坐法。同參諸友，一個個端莊正坐，閉目垂眉，顯現得十分嚴肅。只有我一個人例外。事前，我因腰脊骨動過手術，矮坐怕不方便，所以要求給了一個特別座兒；一張靠背軟椅高高支起，坐上去真如「鶴立雞羣」。我覺得十分不安起來。心裏在想：你這個沒出息的人哪！只知畏難苟安，怕吃苦還學什麼道！你看禪堂是何等清靜；法相又是何等莊嚴；修行人的戒律豈可因你能破壞，佛門廣大也容不下你這樣一個野人啊！於是重下決心，在第三次上座的時候，我自動搬開靠椅，抽下兩層坐墊，硬給坐上去。兩天下來，全身疼痛，上下骨節，有如散了一般。尤其左肩部份如中斧劈。我簡直要崩潰了，但我還是硬撐了下去。

第三天，身體痛楚已減，正念漸能提起。從第一天起，南師就教給我們參話頭，我參的是「生從何處來？死歸何處去？」這兩天來，因一心一意的照顧身上的疼痛，連話頭都攬忘了。今天因為痛得輕些，隨之話頭也提起來了。參話頭，我學過兩句口頭禪，可惜這裏全都用不上。現在須要的是自己的真參實悟。在這裏不但文字失去了作用，就連從理路上去思索，全都要不得。我守著話頭，正不知從何參起，一忽兒，心裏陡底一機伶，通體透澈。接著一陣莫名其妙的感觸，正如一個失路的孩子，驟然看到了親人一般，直想大哭一場。這時不知南師在什麼時候竟轉到了我的身後，輕聲對我說：「想哭，就痛快的哭吧！」我突又覺得師恩深厚，不知將何以報。一時萬感交集，終於放聲大哭。

當報四重恩，感謝慈悲力！

佛祖原來是玩戲法的，哪裏是要人參禪！簡直就是教人跳圈圈兒麼！說來，人生也真夠可憐的了。一出娘胎，就墜入了圈圈大陣。恰巧一大藏教，更是圈上套圈，天天引逗了眾生不停的在跳。從早跳到晚，從生跳到死，死了再生。跳出一圈，復入一圈。一直跳完了八萬四千個圈子，最後還是掉在圈子當中。若非你真的具大智慧，自出手眼，咚地一拳把圈子打破，否則縱使歷盡恆河沙劫數，也決難找到自己。

人就是這麼一回事。沒頭沒腦生不知所從來，死不知所從去，渾渾噩噩，度過一生，也就算了。及至明白了，反而更壞。正如一個長久迷失了家鄉的人，本已相安無事，即而忽然得到了家的消息，急欲歸去，偏又不知路途，試想，這人會急到什麼程度呢？「放下屠刀，立地成佛。」那須有大澈大悟後的境界，我沒有大澈大悟過，自然不曉得大澈大悟是個什麼滋味。但知道，像我這樣慧淺業深，定力毫無的人，無常一到，不消說撥得隨著業力去打轉兒。生死事大，能不著急嗎？因此越想越怕，連每次上座打參，牛鼻圈兒再也把捉不住了。我想，這許就是業吧？直到第五天上午行香的時候，南師的響板，殼脫一聲，驀然驚出我一身冷汗，接著就聽開示說：「悟！悟個什麼？悟而不行，悟了有什麼用！豈不是狂禪！」這一棒子總算沒白廢力氣，又一次把我打醒了。

晚間小參的時候，南師要我上去報告，作了如下的對話：

「劉老師（南師對我習慣的稱呼）有什麼話說？」師問。

我抬起頭來默不作聲。

「你信得過自己？」師再問。

「當然信得過！世界可以毀滅，人類可以不復存在，我也信得過！」我肯定的回答。

南師這才點點頭說：「那就恭喜你了！」

「我不披剃。發心住家修阿羅漢果，誓以苦行了道。」我作了這次對話的結束，並向南師提出一個要求，請他收錄我作個記名弟子。並自發誓願，於未來劫中緊急關口為師護法三次，以報宏恩。蒙師慨允，此段因緣，始告圓滿。這時我心中有一種說不出的感慨。我想起南曲中的〈醉打山門〉，智深師兄唱的一隻〈寄生草〉，我只改了兩個字兒：

漫搵英雄淚　相離處士家
謝慈悲　接引在蓮臺下
沒緣法　轉眼分離乍
赤條條　來去無牽掛
那裏討　煙簑雨笠捲單行
一任俺　芒鞋破鉢隨緣化

參話頭

林今秀

說起禪七，我真慚愧得很，第一天的時候，老師所給我們的話頭是「我是誰」、「誰是我」，於是我儘量讓自己保持萬念皆空的境界，可是靜相卻還在，我也不管它，只是努力沉思於這個話頭，以我往日從課本上的心得，再加上我喜歡沉思的大本錢，以及行香時打香板以後的無妄想的境界，和打坐時偶爾一剎那的空靈的境界，我就一直在內心裏沉思這個話頭。沒想到晚上小參時報告後，老師卻說：「對與不對不作結論」，喝！這一棒子下來，非同小可，晚上我睡不著覺，竟是在想老師為什麼這樣回答。還好，這一天內在的氣機開始發動，全身暖熱無比，我以為我在悟道的境界上已經入室，只是還沒有升堂，就這樣我準備養精蓄銳，第二天好好打坐一番。

第二天行香的時候，老師說：「就是香板打斷了，地打破了，也打不出一個人來！」這一句話真是叫香板打入心頭了，我也只有面帶微笑，內心啊！這下功力可大了，我知道以前我是個不向環境低頭的人，今天再有這個大本事，將來的人生大概也比較不怕吃苦了。就這樣，這一天我不知外面的世事，也不知道我相了，只是在想著何謂參話頭，以及老師在行香時所開示的話。我羨慕龐居士一家人的來去自如，我更感動老師所舉的話頭。喝！張商英的詩真使我流淚了，要不是我咬緊牙根，恐怕要哭上半個鐘頭，而從今天起，我也才算整個了解老師了，不多談也罷！老師一向是當人稱讚他的時候，以作揖答禮。我只知道下定誓願跟隨老師到悟道為止，今後老師已經活在我的心中了。看老師在定中所具有的三十二相，那真是以心傳心，無法形容的。回想這一年半來，老師改變了我多少氣質，也改變了多少人的氣質，又為多少人立下救人救世之心，滿懷的憐憫眾生，只是眾生難度，使得老師反被我們度啊！這些年來我能夠更加的腳踏實地，以及心胸更加的寬大，還不（都）是受老師的恩賜！因為我以前總是拿自己做標準，要求人人都成聖人，至今我將謹守老師之訓，眾生根器不同啊！只要我們真正發心學佛的人，能夠上報四重恩，下濟三塗苦，願此紅塵滾滾之眾生能夠搭此渡人之慈航啊！

到了第四天的時候，我總算悟出參話頭的意義，其實根本沒什麼可參的，只是要我們參出話頭的境界，努力修行，我也知道我要怎麼參都沒用的，因為我的定力不夠，所以般若之智慧無法產生，也就是無法悟道，再怎麼參，怎麼明心見性都還有相存在的，所以還是有待我好自為之，此正法眼藏，涅槃妙法，需要收拾起山河大地一擔裝，兩足踏翻塵世界的根器啊！

心空及第歸

劉修如

予於六十年十二月一日奉准自願退休，距法定退休年齡提早四年。卸脫了三十七年之公務員生活，實感輕鬆愉快，正想覓一機會淨化頭腦，洗脫根塵。適遇一偶然機會，獲悉東西精華協會南先生主持元月一日至七日之禪七，予欣然參加。晚十一時入堂，食於斯、宿於斯、靜坐於斯者七日；每靜坐半小時，即起而行香聽講半小時，動靜相間，不接觸外界任何事物。

七日之間，生理方面，先後經過痠、痲、脹、痛、硬、熱、冷諸反應，困而行之，最後始覺輕鬆自然。心理方面，開始仍控制不住心猿意馬。到了第四天沉下念頭，住於中宮，始覺胸腔下現出一顆珠光，時而如明月，時而像太陽，時而被烏雲掩蓋。悉力捉住，制於一點，心念漸定。至此方覺一個人指揮千兵萬馬易，控制心念難。

第五天晚上得一夢，夢見一友人邀予簽名發起籌組一協會。

予曰：「我做了二十二年社會司長，出席開會講話，何止萬次以上？今剛卸下擔子，樂得逍遙一番，來此參加禪七，誠不願再發起開會。」

友曰：「只求簽名可乎？」

予曰：「我向例不隨便簽名。」

友悻悻而去。

俄而散步過一大廳，瞥見門口貼一紙條，標示剛才那位朋友發起之協會在此開會，予從窗外窺之，駭然發現與會諸公，多是來自陽明山第一公墓者，我的同鄉老友謝貫一正在起立發言，乃疾走避之，私竊以為幸而沒有上當去參加死人隊伍開會。

此次禪七，感於南老師之博學多聞，及其極高明之教育手法，予受惠良多，似皆屬於「理悟」，距「證悟」境界尚遠。想起丹霞禪師引言曰：「此是選佛場，心空及第歸。」誠然！心空之不易。

終七之日，適值予六十一歲生辰，隨口唱曰：

佛法大無邊，禪妙不可言，修行憑願力，頓悟待機緣。
放下了！「世事正須高著眼」，摜了包袱上「渡船」！

手中籃

半僧

破題	虛空本是手中籃 當下拈來皆法果
觀照	是誰手中提果籃 復誰見人手提籃
撥詮	果在籃中籃在手 身住虛空手在身
一轉	身籃俱是虛空果 果身籃亦生虛空
遮詮	本無身籃本無手 更無虛空更無果
二轉	果生虛空空生果 虛空本空果亦空
會元	是誰見誰誰是誰 畢竟無誰亦無見

蓮雲禪七

劉雨虹

六十一年初，老師主持了一次禪七，地點是在蓮雲禪苑的四樓。

老師以往主持過多次禪七，對於我來說，這卻是頭一次經驗。這次參加的共有三十多人，包括出家的在家的，年輕的年老的，中國的美國的，人色複雜。

因為家庭的關係，我只能採取早來晚歸的方式，在持續努力上說，不免吃了一點虧，只怪自己福德資糧欠缺，此是題外之話。先說打七開始，老師一反平常的遊戲三昧，變為極端的嚴肅和認真。

在第二天的夜裏，我忽然水瀉起來，一夜之間，瀉了十幾次，第二天早晨，自覺已病，就沒有去參加。八點多鐘，李小姐打電話來問，老師又囑她問我，瀉肚子以後，有沒有虛弱無力脫水的感覺，如果沒有這些現象的話，就應該覺得神清氣爽，那就是因為打坐兩天，使腸子中積存的陳年老垢，都排瀉出來的緣故，叫我快去繼續參加。

這時，我才注意到，自己真是神清氣爽的感覺，那種病了的想法，只不過是日常習慣上，都把瀉肚子當作腸炎的觀念，才使自己覺得害了病，這個病，實際上是知識所造成的心理而已。再說當時聽了老師的指點，心中很高興，馬上又去參加了。

記得是第三天的晚上，可能因為頭一天已經瀉了體內的陳年老垢的緣故，濁氣下降，而使清氣上升，所以在我晚上回家的路上，充滿了愉快，睡下以後，仍覺得清明之極，毫無倦意，後來發覺自己一直在笑，再看一下錶，知道自己已經笑到午夜以後了。

既然沒有睡意，爽性起來打坐吧！

剛上座不久，上下眼皮就劈劈拍拍的響起來了，就像是過年放的火花炮仗一樣，有光、有聲、有電，不過並沒有什麼痛苦的感覺，所以沒有理它。

第二天老師說，笑也是魔。原來笑和哭是一樣的。

黑漆桶的話頭

禪七的期間，老師叫我們參話頭，參話頭這件事，對我毫不相應，因為自己個性懶散，所以很難長時間集中於一個話頭上。這個習性，使我對念佛法門也難相應，常看到別人，手持念珠，一聲一聲的佛號，心中不免肅然起敬。可是多少次，自己試圖唸佛號，結果都是越唸越散亂，最後連佛號何時丟掉的，都不知道，這也是題外之話。

再回頭說參話頭吧，那時我試參了一個「無夢無想時主人公何在」的話頭，糊里糊塗的參了一天，晚上小參的時候，每人都要報告心得。其實，我雖然參了一天話頭，卻是一點竅門都沒有，更不懂「離心意識去參」，是個什麼玩意兒，我的所謂參，也不過是用知識加以分析，然後得到一個推論，於是我就說：「無夢無想時，主人公何處不在呢？」

我這個話頭的心得，當然是貽笑大方，好在打七的道場中，龍蛇雜處，當時的黑漆桶，一定也頗不少，有些人甚至問老師：「老師，我開悟了沒有？」也有人問：「老師，我們打七幹什麼？」等等。

在這種場合中，是龍是象的人，大概不會笑話他人，是黑漆一片的人，則來不及笑話他人，結果老師回答我道：「不是」。

其實，我內心也覺得不大對勁，自己這樣說，好像只是想碰碰運氣，所以，當時除了黑漆一片外，還加上一團漿糊。

好像是第四天吧？在晚上小參的時候，輪到一個年輕同學心得報告，他借了老師的香板，舞弄了一番，不發一言，老師卻說：「差不多，差不多。」當我正在驚異的時候，輪到另一個年輕同學了，他坐在那裏一味的傻笑，老師就說：「好了好了，以後小心保任」。

我這一驚真是非同小可，許多黑漆桶也都被震驚了，好一個不立文字的禪宗！這到底是什麼？是開悟嗎？是有省嗎？悟又悟個什麼？省又省個啥子？

老師教的話頭我倒沒有參，而這兩件事，倒真的成了我的話頭了。

尾聲的震盪

關於這一次的禪七，在《習禪錄影》中，已有部份的記載，但是，我認為最重要的一段，卻沒有記錄下來，這一件事，成為我日後的話頭，所以也要提出來說一說。

在第七天下午，最後的總結報告中，每人都要說三五分鐘的心得或感想，有一位女士，卻特別向老師要求一個小時。老師最後答應她半小時，並且對大家說：她是一個孤單無依的難民，從西藏逃亡來臺，經過了許多人生的折磨，所以請大家發揮同情心和慈悲心，耐心聽她卅分鐘，好在學佛的人，都應該磨練忍耐心，培養慈悲心等等……

哪知道，這位女士登臺後，就對大家教訓起來了，大意是說：你們哪裏像是打七學佛？說說笑笑不知道慚愧等等，緊接著，她又指名道姓的責備起來。

她的這一炮，好像一顆炸彈，投擲在禪七道場中，有些被罵的人，企圖過來揍她，也有些人哭了起來，造成了混亂的局面，我看了一眼老師，見他若無所聞的樣子，臉上凝重，毫無表情，我自己心中很不自在，後來因為我推著一個要打她的人出去了，所以她有沒有罵我，我也不知道。

待我回來時，會場上已鬧成一片，臺上臺下在對吵對叫，許多人也已託辭先走了。

老師當即厲聲喝止，並且很沉重的說：「完了，完了，再三要求你們忍耐，你們卻無法忍耐，七天白白糟蹋了，你們沒有發起一點慈悲心，你們……」

佛、魔、精神病

禪七過後，有許多閒言閒語，有人說她是魔，在最後破壞道場，在莊嚴的道場中本該法喜充滿，有了魔就不對了。

有人則說她是佛，指出了眾人的錯誤。

有人又說，她是精神病等等。

這件事使我憶起了初中時代的一位老師，他說：注意敵人給你的批評，那往往是最深刻最正確的。

那位老師，當時就是我的敵人，他對我的批評很多，當時都令我氣憤莫名，但是，夜半捫心自問，發現他批評得很對。

這次禪七的過程中，許多人，許多事，都呈現出與平常不同的現象，好像每人都不是本來的自己了。在這個道場中，兩股力量在搏鬥，護法者和破壞者的搏鬥，眾人則各隨業力旋轉，身不由己。

佛也罷，魔也罷，都是每人內心的問題，能忍辱，能反省，經得住磨練，這位女士就是佛。

激起了無明，經不起磨練，這位女士就是魔。

關鍵在於她所指責的本質，應該虛心加以反省，才是學佛人，甚至一個平常人所應該持的態度，如果認為她是精神病，而斷定其話不足取，那是自欺欺人，違反了修學的基本原則。

反省反省再反省

這個事件，引發了我對學佛的基礎認識，原來學佛是應該首先自我反省，一再反省，不斷的反省。最可怕的事，莫過於反省都不能覺察的錯誤和毛病，再看一下八十八結使，人隨時隨地都在做錯事，連認識這些錯誤都不能夠。

常常聽到有些認真學佛的人說：「我從沒有做過對不起人的事」，或者說：「從未做過害人的事」等。

是的，可能他們沒有殺人放火，但是，據我的觀察，他們卻常常在做對不起人的事，只是自己不知道罷了，尤其是他們的妄語綺語，一刻不停。

有人自己覺得，這些小錯無所謂，沒有關係，古人說：「莫因善小而不為，莫因惡小而為之」，過錯就是過錯，不因其小而逃脫因果。

看到了別人，自己不免出了一身冷汗，自己一定也是如此，隨時在造惡業而不自知，可見一個人想要「諸惡莫作，眾善奉行」的話，並不是一件容易的事。

為什麼反省不出來自己的毛病？一定是定力不夠，智慧缺乏。唉！千頭萬緒怎麼辦呢？

多多反省吧！隨時反省吧！仔細的反省吧！

一旦注意到了這個反省的問題，漸漸的產生了恨自己的心情，覺得天下最可恨的人，就是自己。覺得自己一無是處，恨不能一死，以謝天下。

有了這個心理之後，對他人不免原諒多了，我本來是一個很苛求的人，到了這一步，經過一番反省，發現自己原來如此差勁，可是別人卻都原諒我了，於是自己也就不太苛求他人，開始能原諒他人了。這樣一來，反而覺得日常生活中，不如意的人變少了。

而且每當他人有求於自己的時候，也就不像以往那樣斤斤較量，似乎產生了一種對人人彌補的心情。

（摘自《懷師——我們的南老師》）

跟著南師打禪七：一九七二年打七報告

建議售價・120元

編　　者・劉雨虹
出版發行・南懷瑾文化事業有限公司
網址：www.nhjce.com
董 事 長・南國熙
總 經 理・饒清政
總 編 輯・劉雨虹
編　　輯・古國治　釋宏忍　彭　敬　牟　煉
記　　錄・張振熔
校　　對・王愛華　歐陽哲
代理經銷・白象文化事業有限公司
412台中市大里區科技路1號8樓之2（台中軟體園區）
出版專線：（04）2496-5995　傳真：（04）2496-9901
401台中市東區和平街228巷44號（經銷部）
購書專線：（04）2220-8589　傳真：（04）2220-8505
印　　刷・基盛印刷工場
版　　次・2016年12月初版一刷
2017年1月初版二刷
2020年1月初版三刷

設計編印　白象文化
www.ElephantWhite.com.tw
press.store@msa.hinet.net
總監：張輝潭　專案主編：徐錦淳

國家圖書館出版品預行編目資料

跟著南師打禪七：一九七二年打七報告／劉雨虹編. -- 初版.一臺北市：南懷瑾文化，2016.12
面：　公分.
ISBN 978-986-93144-7-3（平裝）
1.佛教修持
225.7　105018653